Das kleine Buddha-Buch

Buddhas, Gottheiten und rituelle Symbole

Eva Rudy Jansen

Verlag Binkey Kok, Diever (NL)

Impressum
Die Originalausgabe erschien 1990 unter dem Titel "Het Buddhaboekje – Buddhas, godheden en rituele symbolen" im Verlag Binkey Kok, Diever.
Aus dem Niederländischen übersetzt von Karin Reitzig.
Titelfoto: Kollektion Binkey Kok, Diever
Fotografie: B. Wieringa, Hoogeveen
Satz, Layout und Druck: Druckerei Bariet, Ruinen
Gesetzt aus: English Times

ISBN 90-800594-2-0

Vorwort

Über den Buddhismus entstanden im Laufe der Zeit viele unterschiedliche Auffassungen und es erschienen unzählige Bücher zu diesem Thema. Zu wirklicher Einsicht gelangt man jedoch erst nach jahrelangen Studien und Meditationen oder aber nach vielen Leben...

Daher ist es kaum möglich, in einem Büchlein wie diesem, eine vollständige oder auch nur annähernd folgerichtige Übersicht der buddhistischen Denkwelt zu geben. Außerdem beabsichtigt dieses Buch, eine Reihe visueller Elemente innerhalb bestimmter buddhistischer Strömungen aufzuzeigen; das bedeutet, daß auch der Text auf die bildhaften Darstellungen abgestimmt ist.

Der Reichtum an sichtbaren Formen verleitet auch die Anhänger der verschiedenen buddhistischen Strömungen leicht zu einer einseitigen Sicht. Sie sehen in den Gestalten, die alle ein eigenes "selbständiges" Leben führen und eine eigene Funktion haben, Gottheiten und Heilige, die der sterbliche, "nicht erlöste" Mensch um Hilfe anrufen kann.

Dies ist die eine Seite, aber die Abbildungen versinnbildlicher letztendlich auch Aspekte und Möglichkeiten, wie sie in jedem Menschen vorhanden sind. Indem sie eine selbständige Existenz und Form bekommen, ist es einfacher, diese Aspekte zu erkennen und zu ergründen. Das eigentliche Ziel jedoch bleibt, die gewonnene Einsicht zu verinnerlichen, zu Selbstkenntnis und Selbsterkenntnis zu gelangen, und so zur Erlösung von den drückenden, rationalen Bedingungen, in die jeder denkende Mensch verstrickt ist. Erst wenn diese Konditionen durchbrochen sind, entsteht Raum für eine befreiende Erleuchtung. So betrachtet, erscheint der Buddhismus als ein auf tiefenpsychologischer Einsicht basiertes System.

Dieses Büchlein möchte soweit wie möglich, etwas von dieser "Innenwelt" durchschimmern lassen. In diesem Zusammenhang ist die Autorin Erik de Bruyn zu Dank verpflichtet, dessen Buch "Tantra, Yoga en Meditatie" eine hilfreiche Stütze auf diesem Weg ins Innere war.

Zur Reihenfolge

Die tibetanischen Buddhisten kennen eine strikt rituelle Rangordnung, wenn sie ihre Gottheiten anrufen oder abbilden:

1. Gurus
2. Yidams
3. Buddhas
4. Bodhisattvas
5. Dakas, Dakinis, Yoginis
6. Dharmapalas
7. Yakshas
8. Die Götter von Reichtum und Fülle
9. Übrige Götter

Das oben angegebene System gilt jedoch nicht für diese Veröffentlichung. Für Laien erschien es sinnvoller, von den Buddha-Gestalten auszugehen und dann zu den anderen Wesenheiten hinzuführen.

Einführung

Gautama Siddharta, der seinen prinzlichen Status abgelegt hatte, um ein meditatives Leben zu führen, saß vor rund 2500 Jahren unter einem Baum und erkannte endlich den Grund für alles Leid in der Welt. Seitdem war er Buddha und seine Lehre wurde zur "Weltreligion", auch wenn sich der Buddhismus nicht prinzipiell mit der Frage beschäftigt, ob es einen allesbestimmenden Gott gibt. Im Buddhismus steht der Mensch, mit all dem, was sich in ihm abspielt, zentral. Die Einsicht in das Leiden, die Gautama im Zustand höchster Erleuchtung unter dem "Bodhibaum" (Bodhi bedeutet Erleuchtung) erfuhr, wird als "die vier edlen Wahrheiten" bezeichnet. Diese Wahrheiten sind:

1) das Leiden, als Synonym für die Gebundenheit an die irdische Existenz und das Nichterlöstsein aus der Folge von Wiedergeburten;

2) der Ursprung des Leidens, nämlich das Verlangen und die Sucht nach Freude, Lust und Besitz;

3) die Aufhebung des Leidens, d.h. die Befreiung von Begierde, Haß und Nichtwissen;

4) Der Weg zur Aufhebung des Leidens auf dem "edlen achtfachen Pfad". Dieser Weg fordert:

1) rechte Anschauung; 2) rechte Gesinnung; 3) rechtes Reden; 4) rechtes Handeln; 5) rechtes Leben; 6) rechtes Streben; 7) rechtes Denken; 8) rechtes Meditieren.

Jeder Mensch kann sich selbst von der inneren Bindung an Materie und Leid und damit vom Leiden selbst erlösen, wenn er diesem Weg folgt und Zuflucht bei "den drei Juwelen" sucht, d.h. bei Buddha – der historischen Gestalt und dem Prinzip der Erleuchtung; bei Dharma – der Lehre und dem kosmischen Gesetz – sowie bei Sangha – der Gemeinschaft von Mönchen oder denen, die das kosmische Gesetz verwirklicht haben.

Dreimal hat der historische Buddha das "Rad der Lehre in Schwung gesetzt", dreimal hat er eine Predigt gehalten und seine Lehre erläutert und dabei hat er jedesmal eine andere Ebene des Begreifens angesprochen. Auf dieser Grundlage entwickelten sich drei verschiedene buddhistische Strömungen, die man als "die drei Fahrzeuge" bezeichnet:

1) *Hinayana* – "kleines Fahrzeug", wird auch Theradava genannt. Diese Frühform der Lehre geht davon aus,

daß jeder Mensch im Laufe vieler Existenzen durch eigenes Handeln und durch Selbstdisziplin zur Erleuchtung gelangen kann. Dabei muß er sich an den vier Wahrheiten orientieren und dem achtfachen Weg folgen. Ins Nirvana einzugehen, wo alles Leiden ein Ende hat, ist das Ziel.

2) *Mahayana* – "großes Fahrzeug", oder auch Bodhistvayana. Diese zweite Entfaltungsphase des Buddhismus geht davon aus, daß Erleuchtung nur durch Hilfe von Außen möglich ist. Wer die Lehre eines Erleuchteten annimmt, sich in Meditationen übt, sich in Glaube und devoter Hingabe an die unvergänglichen, transzendenten Bodhisattvas wendet, kann zur Buddhaschaft gelangen. Es ist ein altruistischer Weg, der die Erleuchtung für alle Lebewesen anstrebt und der die persönliche, vollkommene Erlösung bis zu diesem Zeitpunkt hinausschiebt. Ziel ist Tatatha, der Nondualismus, die absolute Leere.

3) *Vajrayana* – "das Diamantfahrzeug", oder auch Tantrayana. Diese letzte Entwicklungsstufe beruht auf der Lehre, daß jeder Mensch ein potentieller Buddha ist. Er ist sich dessen jedoch nicht bewußt, weil Nichtwissen und Verwirrung seinen Geist verdüstern. Diese Tatsache ist die Ursache seines Leidens. Einsicht und rechtes Handeln können den Schleier vertreiben und zum Zustand großer Seligkeit (Mahasubbha) führen. Das ist jedoch nur möglich, wenn man seinen Geist übt und auf dieses Ziel richtet. Der spezifisch tantrische Weg geht davon aus, daß man auch in einem einzigen Leben zur Erlösung gelangen kann; jedes Element menschlicher Existenz kann dazu beitragen. Körper und Geist, Leidenschaft und Verlangen sind nichts anderes als Formen von Energie, die sich nutzen lassen, wenn man sie auf das eine Ziel, die Erleuchtung, richtet.

Die Sprache und auch die Bildsprache im Mahayana und Varayana ist reich an Symbolik. Jeder Aspekt der Erleuchtung findet seinen Ausdruck in einem transzendenten Buddha, Boddhisattva oder einem anderen Gott, der oft einer früheren Religion entlehnt wurde. In Ländern wie Nepal und Tibet wurden für die Gläubigen prachtvolle Abbildungen dieser Gottheiten geschaffen. Diese zu betrachten ist eine meditative Übung. So kann man den inneren Kontakt zu dem jeweils dargestellten Aspekt besser herstellen. Jede Gebärde, jede Haltung, jedes Attribut hat eine eigene symbolische Bedeutung.

Die drie Mysterien

Bei tantrischen Meditationsübungen richten sich die Kräfte von Geist, Sprache und Körper ("Triguya", die drei Mysterien) auf das eine Ziel: Erleuchtung. Hilfsmittel sind Mandalas (Geist), Mantras (Sprache) und Mudras und Asanas (Körper).

Mandala

Rituelles Diagramm, das die Struktur und Einheit von Mikro- und Makrokosmos von Innen- und Außenwelt zeigt. So wird es zur konkreten Hilfe auf dem Weg zur Erleuchtung. Die Grundform ist die eines Tempels oder Palastes, dessen Tore in die vier Windrichtungen weisen. Im Zentrum hält sich der transzendente Bewohner der Mandala auf. Alle Bestandteile der Mandala – wie Symbole, Attribute, Götter und Nebengötter – werden auf rituell streng vorgeschriebene Weise angebracht; das Herstellen einer Mandala ist eine Meditationsübung.

Yantra

Abstrakte Mandalaform, Diagramm von Linien, die untereinander verbunden sind. Yantras werden bei der Meditation genutzt, um die visualisierte Energie zu konzentrieren. Es gibt unterschiedliche Yantra-Gattungen, die jeweils aus verschiedenen Materialien bestehen können, beispielsweise aus Bergkristall. Die Abbildung zeigt die Sri-Yantra, die "große Yantra".

Mantra

Klang- oder Wortsymbol, das man bei der Meditation laut oder in Gedanken ausspricht. Die Mantra hilft, eine Verbindung zu den tieferen Schichten des Bewußtseins herzustellen. Hier sehen Sie die tibetanische Mantra OM MANI PADME HUM, die Verehrungsformel für "das Juwel im Lotos", Avalokiteshvara.

Mudra

Symbolische Handgeste. Mudras sind körperlicher Ausdruck einer bestimmten Energie. Sie treten in Darstellungen auf, sind aber auch Mittel zur Meditation; Sie helfen demjenigen, der die Gesten macht, die entsprechenden Energien freizusetzen.

Asana

Rituelle Körperhaltung mit derselben Intention wie bei der Mudra.
Das Wort Asana bezeichnet auch das Podest, auf dem die abgebildete Gestalt sitzt oder steht.

MUDRAS

Dharmachakra

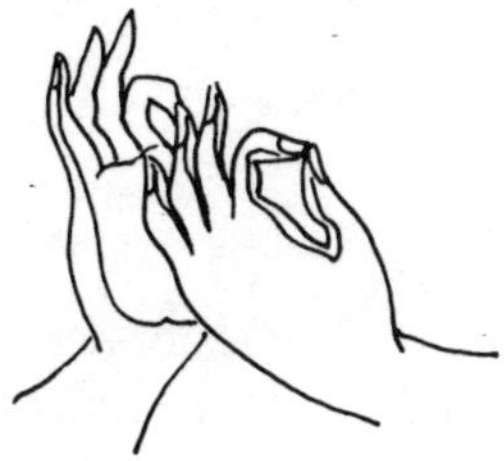

Verkündigung der Lehre, in Schwung setzen des Rades der Lehre. Die Hände befinden sich in Höhe des Herzens, Daumen und Zeigefinger formen einen Kreis.

Bhumisparsa

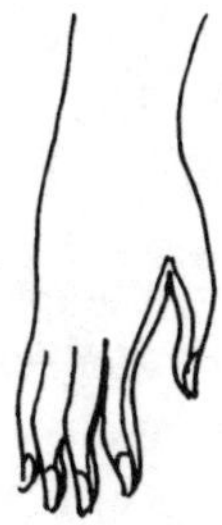

Das Berühren der Erde, sowie Gautama es tat, als er die Erde als Zeugin für die Wahrheit seiner Worte anrief.

Varada

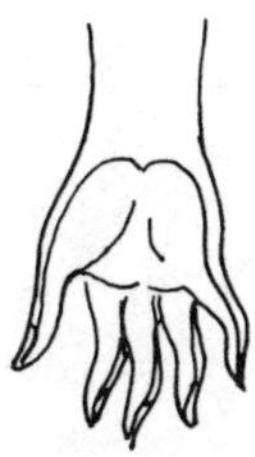

Erfüllung aller Wünsche; die Gebärde des Wohltäters.

Dhunana

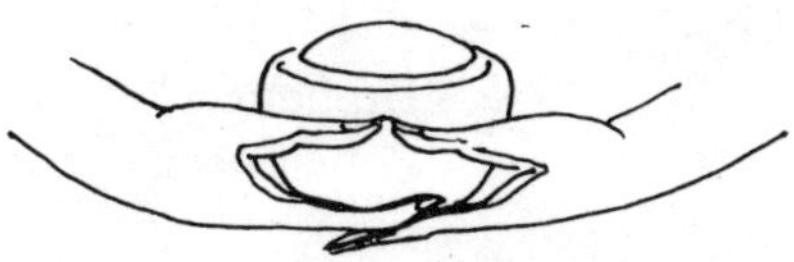

Die Geste des absoluten Gleichgewichts, der Meditation. Die Hände liegen entspannt im Schoß, Daumen und Finger berühren sich. Zusammen mit Allmosentopf abgebildet, ist es ein Zeichen für den Vorsteher eines Ordens.

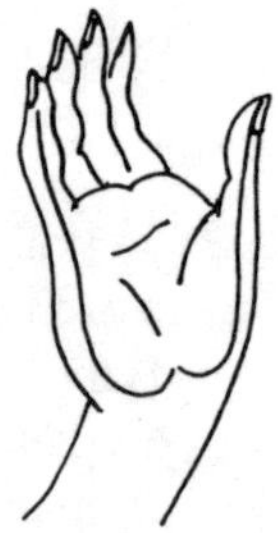

Abhaya

Geste der Beruhigung, des Segens und Schutzes. "Fürchtet euch nicht."

Namaskara

Zeichen des Grußes, des Gebetes und der Verehrung. Buddhas und Bodhisattvas machen diese Geste nicht, weil sie nichts und niemandem Verehrung schulden.

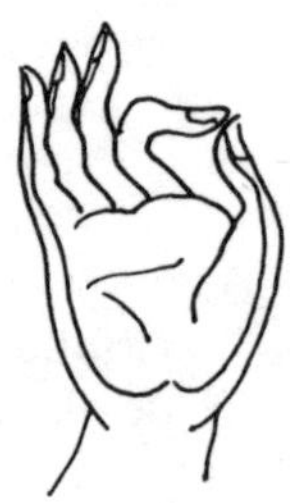

Vitarka

Intellektuelle Argumentation, Diskussion. Der Kreis, den Daumen und Zeigefinger miteinander bilden, symbolisiert das "Rad der Lehre".

Tarjani

Drohung, Warnung. Der gestreckte Zeigefinger richtet sich auf den Gegner.

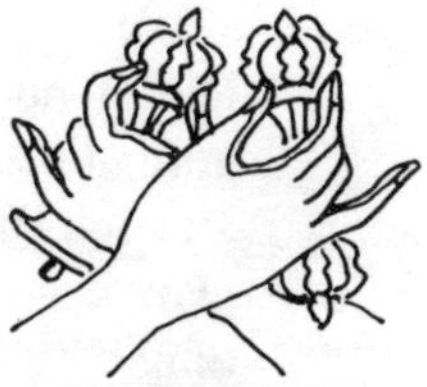

Vajrahumkara

Diese Haltung mit Ghanta und Vajra (siehe Seite 15) symbolisiert die Vereinigung der beiden Attribute: Weg und Ziel sind eins.

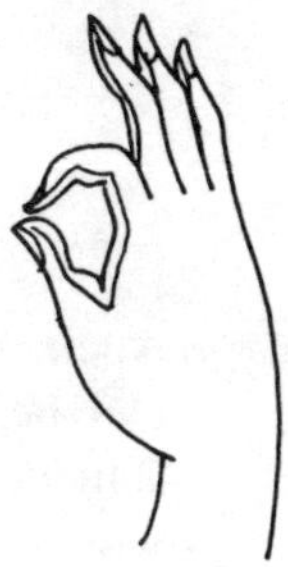

Jnana

Verkündigung, die Hand wird in Brusthöhe gehalten; Daumen und Zeigefinger bilden wieder das "Rad der Lehre".

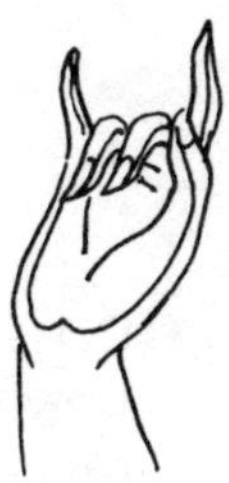

Karana

Gebärde, mit der Dämonen gebannt werden.

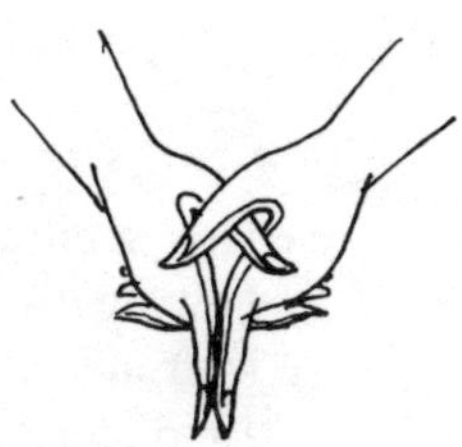

Ksepana

Die beiden Hände machen die Geste von "Besprengen", und zwar mit dem Nektar der Unsterblichkeit

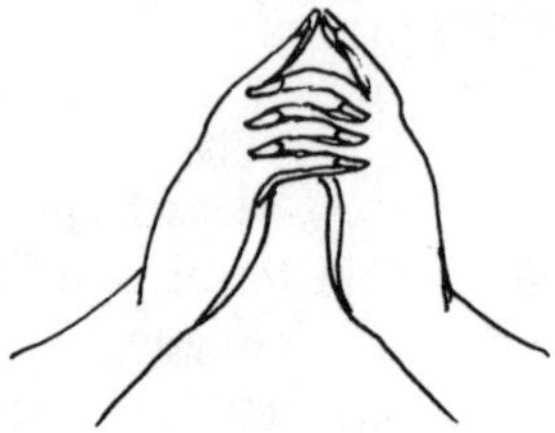

Uttarabodhi

Die Hände über dem Kopf, die Zeigefinger gegeneinander gedrückt, die anderen Finger ineinander verschlungen; das Zeichen höchster Erleuchtung

ASANAS

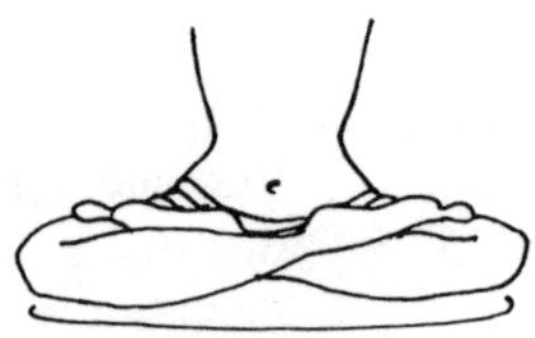

Padmasana

Auch: Vajrasana oder Dhyana Asana. Der bekannte Lotossitz. Es gibt verschiedene Varianten dieser Haltung, wobei die Füße jeweils anders gelegt werden.

Lilasana

Der spielerische Sitz. Das rechte Knie ist hochgestellt, der rechte Arm hängt meist locker über dem Knie.

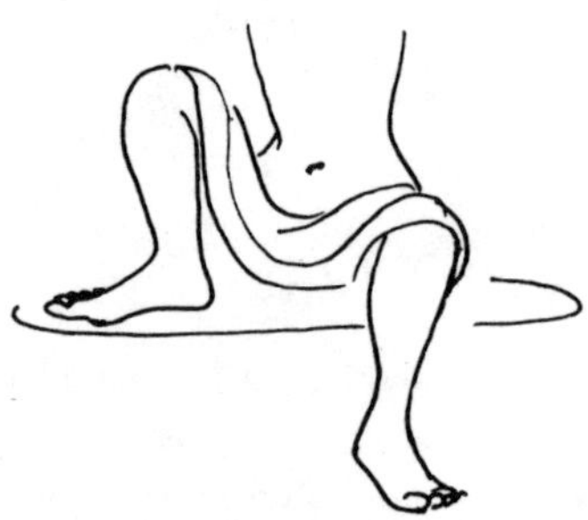

Rajalilasana

Der Königslilasana. Diese Haltung läßt deutlich erkennen, daß die Gestalt auf einem Thron sitzt; das linke Bein hängt herab.

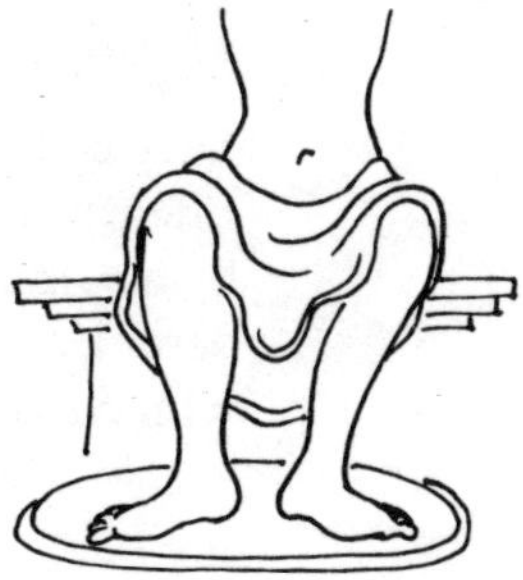

Bhadrasana

Der "europäische" Sitz. Die Füße stehen nebeneinander auf dem tiefer gelegenen Boden. Diese Haltung deutet an, daß der "Thron" noch kein selbstverständlicher Platz ist.

Samapada

Die erste der stehenden Asanas, gleichgewichtig auf zwei Füßen nebeneinander.

Tribhanga

Das Gewicht ruht auf einem Bein; das andere Bein ist ein wenig nach vorne oder seitwärts geschoben. Der Körper ist in den Hüften und im Hals abgewinkelt. So entstehen drei Teilstücke.

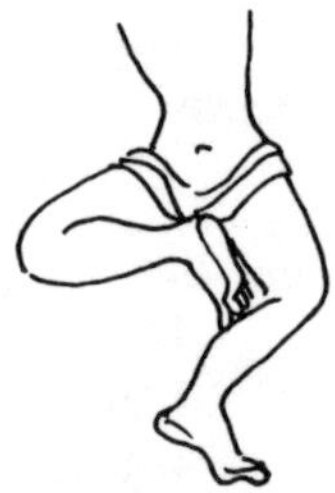

Chapastana

Die Bogenstellung. Sie deutet das Fliegen an. Das eingeknickte Standbein symbolisiert den Bogen; das andere Bein, hochgezogen und angewinkelt, den Pfeil.

Alida/Pratyalida

Diese Standpose verkörpert den zornigen Aspekt einer Gottheit. Das linke Bein (Alida) oder das rechte Bein (Pratyalida) tritt kraftvoll zur Seite.

Padmasana

Der Lotosthron. Bei einer doppelten Reihe von Lotosblättern sprechen wir von Vishvapadmasana. Gelegentlich wird auch der Sockel noch getragen, z.B. von Löwen (Singhasana), Elefanten (Hatisana), einer Schildkröte (Kurmasana) oder einem mythischen Seeungeheuer (Makarasana)

Rituelle Attribute und Symbole

Daiji

Yin-Yang. Ursprünglich chinesisches Symbol der dualen Einheit, und zwar von Samsara (dem Kreislauf der Wiedergeburten) und von Nirvana.

Vajra

Donnerkeil oder (diamantenes) Szepter. Ursprünglich das Zeichen des vedischen Gottes Indra. Buddhistisches Sinnbild für das unerschütterliche männliche Prinzip, das den Weg symbolisiert. Die fünf Punkte an jeder Seite verkörpern die fünf Jinas (siehe Seite 29). Tib.: Dorje.

Ghanta

Glocke. Sinnbild der Vergänglichkeit, des weiblichen Prinzips, das die Weisheit und das Ziel repräsentiert. Zusammen mit Vajra das Symbol, das zur Erleuchtung führt; "Weg und Ziel sind eins".

Vishvavajra

Doppelvajra. Symbol der Vollendung allen Tuns, des Absoluten, das in allen Himmelsrichtungen anwesend ist.

Vajrakila

Donnernagel, magischer Dolch. Dient dazu, die dämonischen Gegenkräfte der Lehre zu unterwerfen und sie buchstäblich "festzunageln". Symbol sich durchsetzender Einsicht. Tib.: Phurba.

Kartika

Hackmesser. Symbolisiert den Zerfall aller Materie und aller weltlichen Bande und ihre Umsetzung in positive Kraft. Wird bei tibetanischen "Luftbestattungen" benutzt.

Parashu

Kampfbeil. Symbolisiert die Absage an alle weltlichen Dinge.

Ankusha

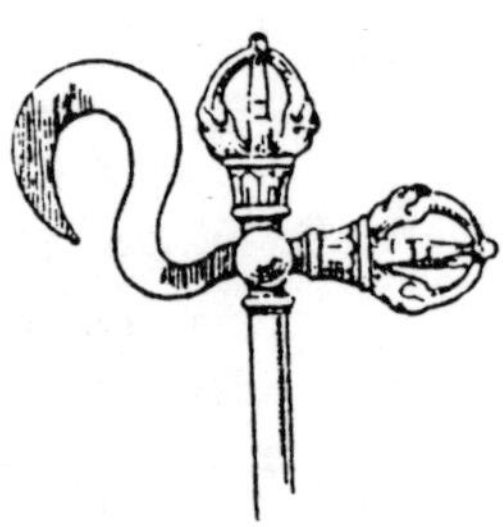

Stachelstock um Elefanten zu lenken. Haken, mit dem man die Zweifelnden symbolisch zur Lehre Buddhas "ziehen" kann.

Khadga

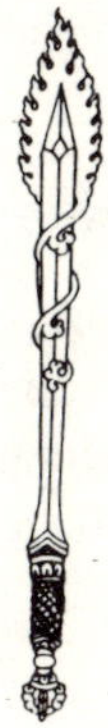

Flammendes Schwert. Zerstörer aller Unwissenheit und dadurch Symbol der Erleuchtung.

Khatvanga

Magischer Stab; Symbol für übernatürliche Fähigkeiten (Siddhi). Zwischen dem Stab, der aus Holz, Metall oder Bein gefertigt ist, und der Spitze (Vajra, Trisula oder Kapala) befindet sich immer eine Reihe von Schädeln.

Trishula

Dreizahn; Waffe und Symbol von Shiva. Im Buddhismus Zeichen von Triratna, dem dreifachen Juwel: Budddha, Dharma und Sangha (siehe Seite 5 und 22).

Gada

Gefechtsknüppel; Amtsstab.

Danda

Szepter; Symbol für Herrschaft. Ähnelt Gada, hat aber als Knauf einen Vajra oder einen Totenkopf, manchmal mit Ratna.

Shara

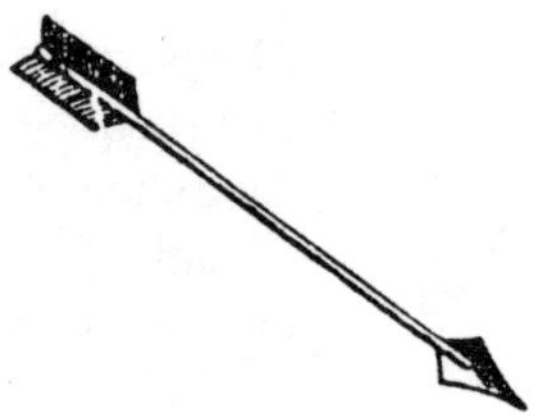

Pfeil; Symbol für Wachsamkeit und Bewußtsein.

Chapa

Bogen; zusammen mit einem Pfeil das Symbol von Weg und Ziel, Methode und Wissen, auch für unbeirrbare Treffsicherheit.

Pasha

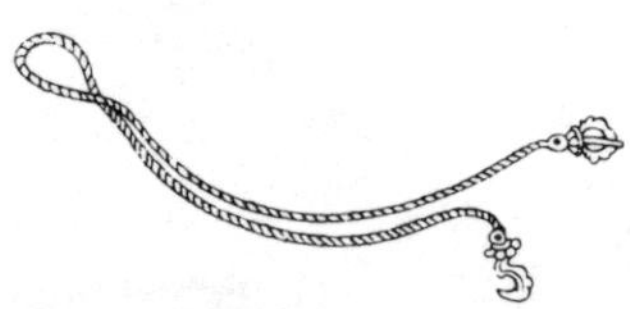

Fangseil; hiermit werden Dämonen geknebelt und diejenigen, die sich von Dharma entfernt haben, zurückgezogen.

Khetaka

Schild; Symbol für Dharma, eine Lehre, die wie ein Schild beschützt.

Akshamala

Gebetsschnur mit 108 Perlen. Bei jeder Perle wird eine Anrufung oder ein Mantra ausgesprochen. Zwei gesondert angeknüpfte Stränge dienen als Zählsystem für die Anzahl der "Runden".

Gebetsmühle

Instrument der religiösen Hingabe. Im Innern befindet sich das Mantra OM MANI PADME HUM, viele Male auf eine Papierrolle geschrieben. Bei jedem Drehen der Mühle wirdt das heilige Mantra ebensoviele Male aktiv.

Khakkhara

Rasselstab; umherziehende Mönche benutzen ihn, um ihr Kommen anzukündigen.

Damaru

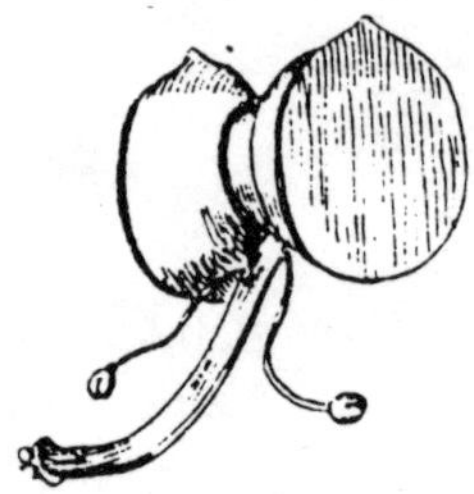

Kleine Trommel; zwei halbe Schädel, die mit Tierhäuten bespannt sind. Ein Lederbändchen gibt die Form eines Stundenglases; die Holzknöpfe an den Enden des Lederbändchens erzeugen das Klappern.

Sankha

Muschelhorn; das Rauschen verkündigt die Glorie des heiligen Namens. Die tibetanische Muscheltrompete hat eine reich verzierte Metallfassung mit Mundstück.

Kangling

Trompete aus menschlichen Oberschenkelknochen. Der Klang verjagt böse Geister.

Pustaka

Buch; Symbol für transzendente Weisheit und besonders für die Texte über die "Vollkommenheit der Einsicht", die Prajnaparamita.

Stupa

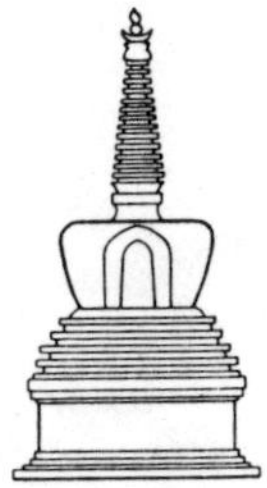

Symbolisches Grabmal; ursprünglich Aufbewahrungsplatz für die Asche eines heiligen Mönches. Jetzt vor allem Symbol des buddhistischen Universums. Die Form verkörpert den Aufbau des Kosmos. Tib.: Chörten.

Chandra

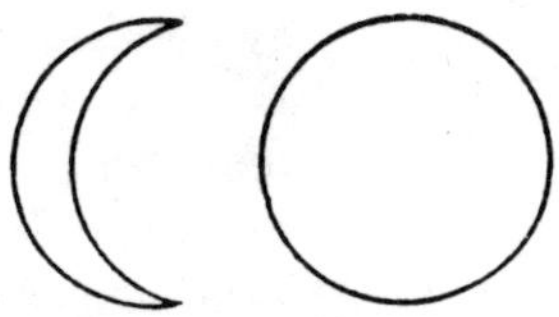

Mondsichel oder Mondscheibe. Symbol der Vereinigung von Gegensätzen.

Surya

Sonne; zusammen mit dem Mond Symbol für die Einheit des scheinbaren Gegensatzes von relativer und absoluter Wahrheit.

Adarsha

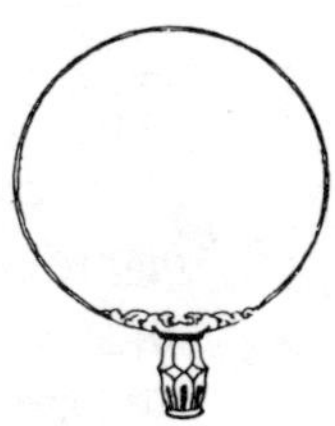

Spiegel; Sinnbild der Leere und der Substanzlosigkeit der Welt.

Agni

Flamme, Feuer; Kriegswaffe und häufig Bestandteil des Opfers.

Ratna oder Mani

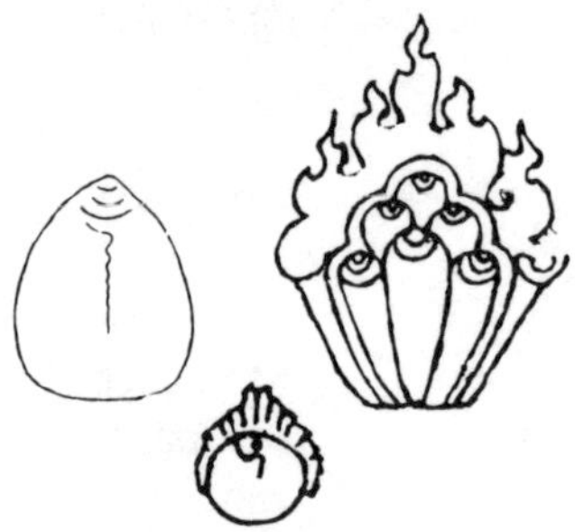

Juwel. Die Abbildung eines ovalen Steins, auch ohne Strahlenkranz, symbolisiert das "Juwel der Lehre". Eine runde mit einem Strahlenkranz umgebene (kleine) Perle ist das magische Juwel Cintamani, das alle Wünsche erfüllt.

Triratna

"Die drei Juwelen"; Buddha, Dharma und Sangha (siehe Seite 5).

Padma

Geöffnete Lotosblüte, Tageslotos; in allen Farben außer Blau, Symbol der Reinheit.

Utpala

Halbgeschlossene Lotosblüte, Nachtlotos; symbolisiert, außer Reinheit, die Eigenschöpfung und das weibliche Prinzip. Nilotpala ist die blaue Utpala.

Chamara

Fliegenwedel aus Yakhaar; Zeichen der Würde.

Patra

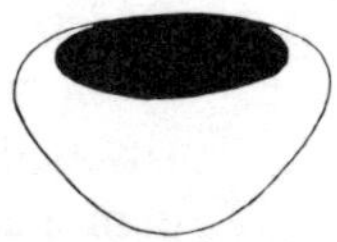

Almosentopf, speziell für Mönche. Wenn ein sitzender Mönch den Almosentopf in den Händen hält, bedeutet das, er ist Oberhaupt eines Klosterordens.

Kapala

Schädelschale; bei den tantrischen Riten benutzt, um den schützenden Gottheiten Fleisch- oder Blutopfer zu bringen und um sich so ihrer Zuneigung zu versichern.

Dipa

Butterlampe; als Zeichen des Opfers wird ausgelassene Butter (Ghee) hierin verbrannt.

Sukunda

Öllampe, mit einem eigenen Ölreservoir, wird auch als Opferlampe verwendet.

Bhumba

Opferkännchen ohne Henkel; gedacht um Wasser oder Nektar auszuschenken (in die Hände dessen, dem man opfert). Auch: Kamandalu.

Gau

Tragbarer Schrein, in dem der Besitzer eine in Seide gewickelte Statuette seiner persönlichen Gottheit (Ishtadevata) aufbewahrt.

Mayurapattra

Pfauenfedern; verkörpern die Widerstandsfähigkeit gegen jegliches Gift, d.h. gegen alle Versuchungen der Welt

Naga

Schlange; Relikt aus vorbuddhistischen Fruchtbarkeitsriten. Naga gilt noch stets als Regengott, beschützt aber auch das Gesetz Buddhas.

Nakula

Mungo; bewahrt alle Juwelen und speit sie aus, wenn der Gott der Fülle ihn drückt.

Svastika

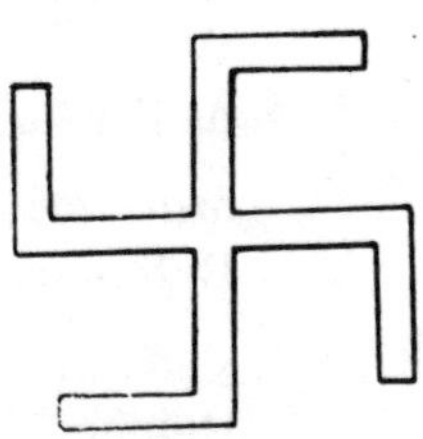

Symbol des Gesetzes; Glückszeichen. Es ist eins der 65 Zeichen von Buddhaschaft, die sich in Buddhas Fußabdruck erkennen lassen. Tib.: Yung-Drung.

ASHTAMANGALAS

DIE 8 GLÜCKSZEICHEN

Man findet die Ashtamangalas häufig abgebildet, einzeln oder gemeinsam; zusammen schmücken sie oft als "Poorna Kalasha" eine Vase, die mit allen Attributen der Wohltat gefüllt ist. Die Ashtamangalas sind Kennzeichen der Glücksgöttin *Ashtamangaladevi*.

Die Zeichen sind, oben links beginnend, und jeweils nach rechts fortlaufend abgebildet, die folgenden:

Chattra – Sonnenschirm; Schutz gegen alles Böse; hohe Würde.

Dhvaka – Standarte; Sieg der Lehre Buddhas.

Sankha – Muschelhorn; Abwesenheit alles Bösen, Glorie aller Heiligen.

Shrivasta – Endloser Knoten; langes Leben und unendliche Liebe.

Dharmachakra – Rad des Gesetzes; die acht Speichen verkörpern den achtfachen Weg. Vollendung und Rettung durch Buddhas Lehre.

Kalasha – Vase der Fülle; enthält das Wasser der Unsterblichkeit. Spiritueller Reichtum

Matsyayugma – Goldene Fische; Befreiung vom Leid, Fruchtbarkeit.

Padma – Der vollkommene Lotos; Reinheit.

Manushi-Buddhas

Der Begriff "Buddha" bezeichnet eine Wesenheit, die durch eigene Einsicht erleuchtet und von dem Kreislauf der Wiedergeburten erlöst ist. Dieser absolute Zustand der Erleuchtung wird als "Bodhi" bezeichnet.

Demnach existiert nicht nur ein Buddha, sondern es gibt viele. Die meisten erscheinen als überirdische Bekundung des ewig Absoluten. Diese "transzendenten Buddhas" sind zugleich Herrscher über die verschiedenen Zwischenparadiese, wo Wesen, die in ihrer Entwicklung bereits eine bestimmte Stufe der Erlösung erreicht haben, wiedergeboren werden, um sich hier in aller Stille weiterentwickeln zu können. Aber auch im Diesseits existieren Erscheinungen, die inkarniert sind oder sich inkarnieren werden, um anderen den Pfad zur Erlösung zu weisen (Manushi-Buddhas). Sie wirken nicht als Heiland, der ins Leben seiner Jünger eingreift. Sie treten nur als Lehrer auf, die das Gesetz (Dharma) anbieten, den Weg zeigen und jedem Gläubigen, der bereit ist, diesen Weg zu gehen, ein Vorbild sind.

Der historische *Buddha Gautama* wurde im 6. Jahrhundert v. Chr. als Prinz Siddharta aus der rechten Hüfte seiner Mutter, Mayadevi, geboren. Sein Vater, König Suddhodama aus dem Geschlecht Shakya schirmte seinen Sohn von der Außenwelt ab, weil er das befürchtete, was letztendlich doch geschehen sollte: Siddharta erkannte das Leiden in der Welt und beschloß, ein meditatives Leben zu führen. Harte körperliche Askese brachte ihm keine Erleuchtung; schließlich setzte Gautama sich mit dem Vorsatz unter einem Baum, dort solange auszuharren, bis er die Ursache des Leidens gefunden hätte. Unter diesem Bodhibaum wurde er tatsächlich erleuchtet. Er starb im Alter von 80 Jahren (siehe auch Einleitung, Seite 5 und 6).

Buddha auf dem Löwenthron

Buddha Gautama selbst hat erklärt, vor ihm hätten bereits andere "menschliche Buddhas" existiert, und er nannte sechs beim Namen. Diese Buddhas haben dieselben Körpermerkmale wie Gautama: eine Schädelwulst (Ushnisha), das Stirnzeichen (Urna) und lange Ohrläppchen. Sie lassen sich an den unterschiedlichen Handgesten erkennen.

Dipankara

Hier ist *Dipankara* abgebildet. Er wird als derjenige betrachtet, der als erster das Licht (die Lehre) in die Welt gebracht hat. Die sechs Buddhas, die Gautama erwähnte, sind: Vipasyin, Sikhin, Vishvabhuja, Krakucchanda, Kanakamuni und Kasyapa.

Maitreya

Der Zukunftsbuddha, der erst 5000 Jahre nach Gautama erscheinen wird. Er wird die bis dahin vergessene Lehre neu offenbaren. Da er noch Zukunftsvision ist, sitzt er in der Bhadrasana-Haltung (Seite 13). Bis zu seinem Kommen hält *Maitreya* sich im Götterhimmel auf, als Bodhisattva Natha.

Transzendente Buddhas

Zeitlos und den Naturgesetzen enthoben existieren die fünf überirdischen Buddhas. Sie verkörpern die fünf abstrakten Aspekte der Buddhaschaft. Andere Namen für diese Buddhas sind: Jinas (Sieger), Tathagatas (Vollkommene) oder Dhyani-Buddhas (Meditations-Buddhas).

Im Laufe der Jahrhunderte hat man diese Personifizierungen mystischer Weisheit in ein umfangreiches System eingeordnet. Jeder dieser transzendenten Buddhas repräsentiert eine Familie, spezifische Eigenschaften und sogar eine Windrichtung. So wird veranschaulicht, wie sich die Skandas (Aspekte der Persönlichkeit: Körper, Erfahrung, Wahrnehmung, geistige Impulse und Bewußtsein) umsetzen lassen. Die beiden folgenden Seiten präsentieren dieses System.

Die Abbildung unten zeigt die fünf Jinas mit ihren tantrischen Partnerinnen in der Yuga-Naddha-Haltung. (Tib.: Yab-Yum). Die Darstellung dieser sexuellen Umarmung ist immer das Symbol für die vollkommene Vereinigung von Gegensätzen, von statischer Weisheit mit kreativer Energie (Weg und Ziel sind eins).

	VAIROCANA	AKSHOBHYA
Windrichtung	Mitte	Osten
Bija (mystische Silbe)	OM	HUM
Mudra	Dharmachakra	Bhumiparsa
Bedeutung des Namens	Glorreicher	Unerschütterlicher
Familie	Tathagata	Vajra
Symbol	Dharmachakra	Vajra
Farbe	weiß	blau
Skanda	Vijnana	Rupa
Persönlichkeitsaspekt	Bewußtsein	Form
Negative Energie	geistige Blindheit	Wut
Weisheit	universelle Wahrheit	objektive Wahrnehmung
Element	Luft	Wasser
Vaha (Reittier)	Löwe oder Drache	Elefant
Prajna (Partnerin)	Vajradhatvishvari	Locana
Bodhisattva ("spiritueller Sohn")	Samanthabhadra	Vajrapani
Dakini	Buddha-Dakini	Vajra-Dakini

RATNASAMBHAVA	**AMITABHA**	**AMOGASIDDHI**
Süden	Westen	Norden
TRAM	HRIH	AH
Varada	Dhyana	Abhaya
aus dem Juwel geboren	grenzenloses Licht	sicherer Erfolg
Ratna	Padma	Karma
Ratna	Padma	Vishvavajra
gelb	rot	grün
Vedana	Samjna	Samskara
Erfahrung	Scharfsinn	Bejahung
Arroganz	Leidenschaft	Neid
Gleichwertigkeit	Durchblick	Vollendung
Erde	Feuer	Luft
Pferd oder Löwe	Pfau	Harpyie (Garuda)
Mamaki	Pandara	Syamatara
Ratnapani	Avolokiteshvara	Vishvapani
Ratna-Dakini	Padma-Dakini	Vishvavajra-Dakini

Vairocana

Vairocana, der Herr der Mitte, ist die Kombination aller Jinas, ihr "Vater". Auf Abbildungen sieht man ihn oft mit vier Gesichtern. So kann er in alle Himmelsrichtungen schauen und ist darum allwissend. Er verkörpert die universelle Wahrheit, Dharma.

Akshobhya

Akshobhya, der Herr des Ostens, ist der ewig Unerschütterliche. Hier ist er mit der fünfzackigen Krone abgebildet. Diese Krone findet man oft bei Jinas. Sie ist das Zeichen für die Erhabenheit über Naturgesetze und Vergänglichkeit.

Ratnasambhava

Ratnasambhava, der Herr des Südens, personifiziert die Freigiebigkeit. In der Hand hält er Cintamani, das Juwel, das alle Wünsche erfüllt. Aber er lindert nicht nur materielle Not, vor allem schenkt er allem, was lebt, Liebe.

Amitabha

Amitabha, der Herr des Westens, ist historisch gesehen der älteste der Jinas und wird am meisten verehrt. Er verkörpert das intuitive Bewußtsein.

Amogasiddhi

Amogasiddhi, der Herr des Nordens, repräsentiert die "praktische Weisheit" Buddhas, die Weisheit, die alle Werke vollendet. Manchmal hält er einen Vishvavajra oder ein Schwert in der linken Hand.

Amitayus

Als Herrscher über das Zwischenparadies Sukhavati wird Amitabha auch wohl *Amitayus* genannt. Auch wenn es sich hier um ein und dieselbe Entität handelt, so wird Amitayus manchmal anders dargestellt. Statt eines Almosentopfes hält er die Vase mit dem Nektar der Unsterblichkeit im Schoß. Die für Amitabha typische dunkelrote Farbe verwandelt sich bei Amitayus in hellrot.

Adibuddha

Wahrscheinlich vom islamitischen Monotheismus inspiriert, hat sich im Mahayana-Buddhismus die Vorstellung entwickelt, daß es letztendlich doch eine absolute Macht gibt, ohne Anfang und ohne Ende, eine Macht, die sich selbst gestaltet (Swayambhu). Ursprünglich offenbarte sich dieses eine Absolute als Flamme aus dem Herzen einer Lotosblume. Im Laufe der Zeit fand dieses Ursymbol ebenfalls eine Personifizierung in Form des Adibuddha oder Urbuddha. Zwar gilt auch Vairocana als Adibuddha, aber daneben existieren weitere Formen und Namen für diese höchste Essenz der Buddhaschaft, zum Beispiel der unten abgebildete *Vajradhara*. Die Vajrahumkaramudra (die Geste mit Vajra und Ghanta) symbolisiert die Glückseligkeit, die sich aus der Vereinigung von Gegensätzen ergibt: die Unio Mystica.

Vajradhara

Samantabhadra

Samantabhadra bedeutet "vollkommen Gott". Um anzudeuten, daß er ganz er selbst ist, wird dieser Adibuddha (nicht zu verwechseln mit dem Bodhisattva Samantabhadra) völlig unbekleidet und ohne Attribute dargestellt. Meist ist er von seiner Prahjna Samantabhadri begleitet, die auch vollkommen nackt ist. Diese Unio Mystica läßt erkennen, daß alle Wesen, die sich wie Samantabhadri vom Absoluten entfernt haben, doch wieder, sobald sie sich von allen weltlichen Bindungen loslösen (hier angedeutet durch das Fehlen von Kleidung und Schmuck), zu einer Vereinigung mit dem Absoluten finden.

Vajrasattva

Der Adibuddha *Vajrasattva* wird vor allem in Nepal als sechster Dhyanibuddha und als Oberpriester der fünf anderen gesehen.

Die Buddhas der Heilkunst

Oft hat der historische Buddha Gautama sich als Heilkundiger bezeichnet, der mit Dharma als Medizin das Leiden in der Welt lindert. So verbreitete sich die Ansicht, man könne Gautama bei Krankheiten anrufen, damit er Arzt und Krankem die rechte Heilmethode offenbare. In dieser Funktion wird er umgeben von sieben heilenden Kräften (siehe Abbildung). Der Wundarzt Bhaisajyaguru (mit heilkräftiger Pflanze oder Frucht) ist der einzige von ihnen, der auch gesondert dargestellt wird.

Die 35 Buddhas der Läuterung

Nach indischer Tradition gibt es 35 schwere Verstöße gegen die Ethik des Buddhismus, aber ebensoviele Buddhas, die jeweils eine Möglichkeit weisen, die Hindernisse auf dem Pfad der Erlösung zu überwinden. Im Gegensatz zu den Bodhisattvas im folgenden Abschnitt bieten diese Buddhas keine konkrete Hilfe. Sie zeigen nur den Weg.

Bodhisattvas

Ein Boddhisattva ist ein Wesen, das den Zustand der Erleuchtung vollkommen oder teilweise erreicht hat. Als Bodhisattva, einen Erleuchtung suchenden, bezeichnete sich auch der historische Buddha Gautama bis zu dem Zeitpunkt, da er die Buddhaschaft errang. Bemerkenswert an einem Bodhisattva ist die Tatsache, daß er sich nicht nur für sich selbst, sondern auch für alle anderen Lebewesen um Erleuchtung bemüht und ihnen dabei hilft.

Die spirituelle Entwicklung eines Bodhisattva gliedert sich in zehn Stufen (Bhumi). Auf jeder Stufe wird eine grundlegende Tugend entwickelt, bis der Bodhisattva im 7. Stadium transzendent wird; dann ist er ein Mahasattva. Ein solcher transzendenter Buddha oder Mahasattva ist von dem Kreislauf der Wiedergeburten erlöst, hat aber die völlige Erlösung noch hinausgeschoben. Mitleid (Karuna) mit allen Wesen veranlaßt ihn, freiwillig im Diesseits zu bleiben, um sich für die Erlösung anderer einzusetzen, indem er deren belastendes Karma durch seinen eigenen, reinen Status zunichte macht. Die transzendenten Bodhisattvas sind nicht mehr dem Zwang irgendeines Naturgesetzes unterworfen. Sie können jede gewünschte Form annehmen, an mehreren Orten zugleich sein und sich mit der Schnelligkeit eines Gedankens bewegen. Die Bodhisattvas werden als die geistigen Kinder des Abstrakten gesehen und sind in diesem Sinne unerreichbare Dhyani-Buddhas. Sie haben eine Vermittlerrolle zwischen Samsara (der Welt der Illusion und des Leidens) und Nirvana (dem Zustand der Ruhe und der emotionslosen Seligkeit). Zugleich sind sie Identifikationsideal und Verehrungsobjekt.

Der populärste und am häufigsten abgebildete Mahasattva ist Avalokiteshvara (der Herr, der niederblickt). In Nepal sind 108 verschiedene Erscheinungsformen bekannt. In Tibet wird jede Drehung der Gebetsmühle (siehe Seite 19), jede gemurmelte Mantra "Om Mani Padme Hum" dem Retter aus der Not und dem Erlöser von drückendem Karma dem Avalokiteshvara geweiht. Er tritt auch unter dem Namen Lokeshvara auf, ein Hinweis auf seine Beziehung zum Hindu-Gott Shiva. Nach Avalokiteshvara ist Manjushri der populärste Bodhisattva.

Avalokiteshvara

Padmapani

Die älteste Erscheinungsform von Avalokiteshvara ist wahrscheinlich *Padmapani*. Er ist der Helfer in der Not und derjenige, der die Erlösung vom Leid verkürzen kann. Zu erkennen ist er an seiner aufrechten Pose (Tribhanga). Auf dem Kopf trägt er die fünfzackige Krone des Weltbesiegers und über seine Schulter hängt eine Gazellenhaut. Sie ist das typische Merkmal von Avalokiteshvara.

Simhanada-Lokeshvara

Simhanada-Lokeshvara wird als der Heiler aller Krankheiten gesehen. Darauf deuten auch sein Name und sein Reittier. Der Legende nach erweckte ein Löwe (Simha) mit seinem Gebrüll ein totgeborenes Junges zum Leben. Simhanada bedeutet: "Der mit der Löwenstimme"; er ist der Arzt, der Kranke wieder ins Leben ruft. Sein Äußeres zeigt deutliche Übereinstimmung mit dem Hindu-Gott Shiva: der Haarknoten (manchmal mit Halbmond), das Stirnauge, der Dreizahn und der Schlange.

Sadahsari-Lokeshvara

Sadahsari-Lokeshvara oder auch Kharchheri genannt, ist "der Herr der sechs Silben". Mit diesen sechs Silben ist das Mantra "Om Mani Padme Hum" gemeint, der Ausdruck des tiefsten Wesens von Avalokiteshvara. Sadaksari hat vier Arme. In einer Hand hält er den Akshamala (siehe Seite 19), mit dem man zählen kann, wie oft man sein Mantra spricht. In einer anderen Hand trägt er den Lotos der vollkommenen Reinheit. Das magische Juwel Cintamani (siehe Seite 22) hält er vor der Brust. Über seinem Kopf Amitabha, sein geistiger Vater.

Amoghapasha-Lokeshvara

Amoghapasha-Lokeshvara ist "Lokeshvara mit dem unfehlbaren Fangseil". Er ist die achtarmige Erscheinungsform von Avalokiteshvara und gilt als Überbringer der Wahrheit und Erlösung. All seine Gebärden und Attribute verweisen auf die Verkündigung der erlösenden Weisheit und die Abwehr von Gegnern (siehe Seite 70).

Ekadasha-Mahakarunika-Lokeshvara wird auch Samanthamukha, der Allseitige, genannt. Der Legende nach senkte Ekadasha sich aus allumfassendem Mitleid (Mahakarunika) hinab in die Hölle und brachte eine Anzahl der dort verbleibenden Lebewesen ins Zwischenparadies Sukhavati. Anschließend entdeckte er, daß für jede von ihm gerettete Seele ein neuer Verdammter in die Hölle gekommen war.

Aus Verzweiflung und Entsetzen über das Böse in der Welt zerbrach sein Kopf in zehn Stücke. Sein spiritueller Vater, Amitabha, formte aus jedem der Bruchstücke ein neues Gesicht und setzte sie zurück auf den Rumpf seines Sohnes: neun liebliche Gesichter und ein dämonisches, um das Böse besser vertreiben zu können. Und ganze oben das Haupt von Amitabha selbst. Die drei Kopf-Ebenen deuten an, daß Ekadasha in drie Welten schaut: in die Welt des Verlangens, die Welt der lebendigen Formen und die Welt ohne Form.

Ekadasha-Mahakarunika-Lokeshvara

Sahasrabhuja-Lokeshvara, der Tausendarmige hat genau wie Ekadasha elf Gesichter. Außerdem hat er tausend Hände und in jeder Handfläche ein Auge, damit kein einziges Lebewesen von seinem allumfassenden Mitleid ausgeschlossen ist. Seine Ausstattung ermöglicht es ihm, alles zu sehen und überall eingreifen zu können. In Abbildungen erscheinen seine tausend Arme wie eine Glorióle, die ihn umgibt.

(von links nach rechts:) Manjushri, Avalokiteshvara und der Regengott Vajparani: Weisheit, Mitleid und Abwehr von bösen Geistern.

Manjushri wird als der älteste Bodhisattva gesehen. Über ihn existieren verschiedene Legenden. In Nepal gilt er als der Gründer der nepalesischen Kultur; der chinesischen Legende nach wurde er von Gautama selbst geschaffen und hat dann die Lehre in China verbreitet; in Tibet preist man ihn jeden Morgen, weil er die Dunkelheit wieder vertrieben hat. Er ist der Herr der Weisheit; er schenkt jedem, der Buddhas Lehre verbreiten will, Inspiration. Er ist ein himmlischer Baumeister, der demonstriert, wie man auf Erden einen würdigen Tempel bauen kann.

Als *Aracapana* gilt Manjushri als ewig junger Kronprinz der Buddhaschaft. In der rechten (die männliche Seite) Hand trägt er das Flammenschwert, mit dem er die Unwissenheit zerstört; in seiner Linken (die weibliche Seite) hält er das Buch der transzendenten Weisheit, meist auf einem Lotos.

Als *Caturbhuja* hält der vierarmige Manjushri außer Buch und Schwert auch noch Pfeil und Bogen, die Symbole für sprachliche und philosophische Treffsicherheit.

Als zwölfarmiger *Namasangiti* macht er, die Hände übr dem Kopf erhoben, die recht seltene Geste der höchsten Erleuchtung (Uttarabodhimudra).

Vajparani

Vajparani erscheint in Abbildungen meist als Begleiter Buddhas. Er steht an seiner linken Seite, rechts oft Padmapani. Sein Ursprung liegt bei dem vedischen Gott Indra (die vedische Religion ging dem Hinduismus voraus).
Auf manchen älteren Abbildungen erscheint er noch als muskulöser Mann mit Bart.

Samantabhadra

Samantabhadra wird oft mit Manjushri zusammen abgebildet. Sein Name bedeutet "der rundum Segensreiche". Er ist leicht vom Adibuddha Samantabhadra (siehe Seite 36) zu unterscheiden, weil er, in Gegensatz zu diesem Urbuddha, gekleidet und gekrönt ist.

Tara

Weiße Tara

Neben den männlichen Bodhisattvas existiert auch eine Reihe weiblicher, von denen *Tara* (Tib.: Drölma) die wichtigste ist. Sie verkörpert den mütterlichen Aspekt des Mitleids. Ihr Name wird mit dem Begriff "überqueren" assoziiert. Sie beschützt die Menschen, während diese den "Ozean des Lebens" überqueren. Der Legende nach ist Tara aus einer Träne Avalokiteshvaras hervorgegangen.

Tara kennt 21 verschiedene Erscheinungsformen; die weiße und die grüne sind die ältesten. Diese beiden Taras sollen auf zwei historische Frauen zurückgehen, die Gattinnen des Königs Srongsten Gampo, die aus Nepal bzw. China den Buddhismus nach Tibet brachten (siehe Seite 62).

Weiße Tara (Sitatara oder Svetatara) ist an ihren sieben Augen zu erkennen, die sie im Kopf, auf der Sitrn, den Hand- und Fußflächen trägt. Hiermit kann sie die Hilfsbedürftigen in allen Gegenden der Welt wahrnehmen.

Als Zeichen ihrer Reinheit hält sie meist eine weiße Lotosblüte in der Hand.

Grüne Tara (Syamatara oder Harit Tara) gilt als Schützerin vor allen Gefahren. Ihre Farbe ist grün, der Lotos in ihrer Hand blau und halb geöffnet (nilotpala). In manchen Darstellungen sieht man sie auch mit zwei Lotosblumen abgebildet. Die grüne Tara hat keine zusätzlichen Augen. (Siehe Seite 46.)

Grüne Tara

Yidams

Der Weg zur Erlösung, den der tantrische Buddhismus lehrt, ist in einer Reihe esoterischer Bücher festgehalten, die so viel an verborgener Weisheit beinhalten, daß sie nur nach längeren Studien und mit Hilfe eines eingeweihten Lehrers verständlich werden. Einfacher ist dieser Weg zur Erlösung, der sich hin durch alle menschlichen Erfahrungen zieht, mit Hilfe von Ishtadevatas (die persönlichen oder inneren Götter), die in Tibet den Namen *Yidams* tragen.

Um den erhabenen Stand eines Buddha in sich selbst zu erreichen, muß der Sadhaka (Tantra-Schüler) eine Vielzahl innerer Hindernisse überwinden. Ein Yidam konfrontiert den Sadhaka mit seinen inneren Schwächen und gibt ihm die Kraft, nach bezwungener Angst, wahre Selbsterkenntnis zu gewinnen und die eigenen "Schwächen" umzuformen in Weisheit, die zu Erlösung führt. Yidams werden meist in inniger Umarmung mit ihren Yoginis abgebildet, in einer Extase, die weit über Selbstsucht und Leidenschaft hinausreicht. Alle Bindungen an die Welt der Illusion sind aufgehoben.

Hevajra

Die tantrischen Bücher enthalten eine Fülle geheimer Doktrinen, die in Form der Yidams zu sichtbaren Symbolen wurden. IhreDeutung ist recht schwierig. Trotzdem läßt sich annehmen, daß Heruka die repräsentativste Gestalt der Erscheinung Yidam ist. Er hat acht Gesichter, sechzehn Arme und vier Beine und wird als Vernichter aller Maras (der Dämon der Illusion und Verführung mit seinen Helfern) gesehen. Abgebildet wird er meist in Vereinigung mit seiner Partnerin Nairatma. So wird die Aufhebung aller Gegensätze symbolisiert, die eine Vereinigung in Glückseligkeit erzeugt. In dieser Erscheinungsform heißt er *Hevajra*.

Sambhara

Sambhara, Samvara, oder vollständiger Chakrasamvara wird immer mit seiner Yogini Vajravarahi abgebildet. Sie ist an einem Schweinskopf erkennbar, der seitlich aus ihrem Kopf ragt. Sie selbst ist auch ein Yidam. Zusammen verkörpern die beiden Partner die äußerste Glückseligkeit, die in der Aufhebung der Dualität liegt.
Sambhara hat meist vier Köpfe und zwölf Arme.

Außer den hier gezeigten Yidams existieren noch viele andere. Zwei der wichtigsten sind: *Kalachakra*, die Personifizierung eines Tantra, der die Astrologie einbezieht; er hat vier Köpfe und zwölf oder vierundzwanzig Arme; und *Vajrabhairava* ist zugleich Yidam und einer der Dharmapalas (siehe Seite 50). Zu seinen Aufgaben gehört es, alle Ungläubigen von den großen Tantra-Mysterien fernzuhalten.

Götter und Göttinnen

Der Buddhismus hat viele Ländern und Kulturen erobert und stets die vorhandenen Götter in sein System integriert.
So sind im Mahayana- und Tantrayana-Buddhismus Hindu-Götter, tibetanische Bön-Götter (aus der alten Tibet-Religion) und örtliche Volksgötter erkennbar.
Um diesem ganzen Götterhimmel einen rechten Platz innerhalb der buddhistischen Lehre von Karma (Taten des Lichts beim Streben nach Erlösung) und Erleuchtung zu geben, werden die Götter solchen Wesen zugeordnet, die noch nicht von dem Kreislauf der Wiedergeburten erlöst sind, aber doch schon gutes Karma erworben haben.
Eine Gottheit sieht man am besten als eine Funktion (wie das Schenken von Fruchtbarkeit, Gesundheit, Schutz vor Dämonen, usw.) Ausgeübt werden diese Funktionen von wechselnden Individuen, die noch nicht vollkommen erlöst, wohl aber übermenschliche Wesen sind (Deva). Sobald ihr Schatz an gutem Karma erschöpft ist, müssen diese Wesen ihre Funktion wieder abgeben und ein anderer übernimmt dieselbe Aufgabe. Es existieren friedliche (Shanta) und zornige (Krodha) Götter und Göttinnen.

Manjushri (S.43) | Avalokiteshvara (S. 40) | Vajrapani (S.54)

Die acht Dharmapalas

Die acht Dharmapalas waren ursprünglich feindliche Dämonen, die jedoch von Padmasambhavas (siehe Seite 63) magischer Kraft bezwungen wurden und jetzt als feurige Verteidiger des Dharma (die Lehre) auftreten. Sie werden auch als zornige Manifestationen von Bodhisattvas gesehen, die dem Suchenden helfen, höchste Einsicht zu erlangen. In dieser Funktion werden sie oft in einem speziellen Tempel (Tib.: Gönkhang) versammelt. Sie versinnbildlichen die Kräfte von Auflösung und Umwandlung, die Kräfte, die bei der Meditation zu einem Durchbruch führen können.

Die Dharmapalas sind an ihrem roten Haar zu erkennen, an der Flammen-Aureole und an ihrer Krone von fünf Schädeln.

Sie werden auch als Ashtabhairavas bezeichnet (die acht Schreckerregenden).

Yamantaka

Yamantaka ist der Besieger des Totengottes Yama. Er erscheint in unterschiedlichen Gestalten: mit nur einem Kopf und einem Vajra im Haar (um ihn von seinem Erzfeind Yama zu unterscheiden, dem er qua Form gleicht). Aber er tritt auch mit 9 Köpfen, 34 Armen und 16 Beinen auf. Dann trägt er den Namen Vajrabhairava und wird als zornige Erscheinungsform von Manjushri gesehen.

In beiden Gestalten wird er manchmal mit seiner Partnerin, der Yogini Vidyadhara dargestellt.

Yama

Nachdem Yamataka ihn besiegt hatte, wurde der Todesgott *Yama* selbst zum Dharmapala. An Hand des Karma eines Toten entscheidet er, in welches Reich der Wiedergeburt dieser kommt. Dabei macht Yama sich so verdienstlich, daß er den Ehrentitel Dharmaraja (Dharmakönig) trägt. Man sieht ihn oft mit einem Büffelkopf abgebildet, wie Yamantaka, aber ohne Vajra. Zu erkennen ist er, auch mit normalem Gesicht, an dem Dharmachakra (dem Rad der Lehre) auf der Brust.

Beg-ts'e

Beg-ts'-e war ein tibetanischer Kriegsgott, bis er zum Dharmapala wurde. Diese Herkunft spricht auch aus seinem Namen, der seine Kleidung beschreibt: "Der mit dem Panzer unter seinem Kleid".

Mahakala

Mahakala ist ein Dharmapala mit vielen Erscheinungsformen, von denen einige von alten hinduistischen oder tibetanischen Göttern abgeleitet sind; in seiner bedeutsamsten Gestalt ist Mahakala ("der große Schwarze") die buddhistische Form des Hindu-Gottes Shiva. In vielen Erscheinungsformen (mit unterschiedlicher Anzahl von Armen) sieht man ihn mit Dreizack (trishula) abgebildet. In anderen Darstellungen findet man ihn mit einem Gegenstand, der einem Amtsstab oder Keule ähnelt, anderen Auffassungen nach aber ein Bündel von Zeltstöcken ist: Mahakala ist der Schutzgott der Mongolei und des Nomadenzeltes. Oft wird er von dem Himmelswesen Garuda, einem Vogelmenschen, begleitet.

Hayagriva

Hayagriva ist leicht von allen anderen Dharmapalas zu unterscheiden. Sein Kennzeichen ist der Pferdekopf im Haar. Er stammt aus dem Hinduismus, wo er als eine Erscheinungsform des Gottes Vishnu gilt. Im Buddhismus wird er auch wohl als Inkarnation der Dhyani-Buddhas Amithaba oder Aksobhya gesehen.
Hayagriva ist der Hüter der heiligen Schriften. Wer sie angreifen will, wird durch sein Gewieher in die Flucht getrieben.

Devi Lhamo

Devi Lhamo ist unter den Dharmapalas das einzige weibliche Wesen und vielleicht wohl das Erschreckendste. Sie ist die buddhistische Form der Hindu-Göttin Kali, der Göttin der Vernichtung. So sät Lhamo auch Tod und Verderben über die Gegner der Lehre. Sie wird vielfältig abgebildet, meist mit einem Kranz von Köpfen, einer Menschenhaut um die Schulter, die Sonne in ihrem Nabel und den Mond in ihrem Haar. Sie reitet auf einem weißen Esel, Giftschlangen sind ihre Zügel, am Sattel hängt ein Beutel mit Krankheiten und in ihrer Hand hält sie einen mit Blut gefüllten Totenschädel. Oft wird sie noch von zwei abschreckenden Naturgeistern begleitet, den sogenannten Yakshas.

Die beiden Dharmapalas *Sitabrahman* und *Kubera* sind hier nicht abgebildet. Sie sind die beiden einzigen, die ohne Schädelkrone dargestellt werden. Ihre Gesichter sind zwar auch grimmig, aber nicht dämonisch. Sitabrahman (der "weiße Brahmane") ist an seinem Ärmelgewand und dem Turban auf dem Kopf zu erkennen. Kubera ist eine andere Erscheinungsform von Jambhala; er unterscheidet sich von ihm durch seine Flammenaureole (siehe Seite 57).

Neben den Dharmapalas kennt der Buddhismus eine Reihe weitere Götter, die von ihrem Äußeren her den Dharmapalas gleichen, jedoch nicht die Funktion von Dharmaschützern haben.

Es sind vorwiegend integrierte Hindu-Götter, die einen speziellen Zuständigkeitsbereich haben. Ebenso wie die Dharmapalas zählt man sie zu den "Krodha-Göttern".

Vajrapani

Von dem vedischen Regen- und Gewittergott Indra sind im Buddhismus zwei total verschiedene Entitäten mit ein und demselben Namen abgeleitet. Der eine ist der Bodhisattva Vajrapani, der andere der Regengott *Vajrapani*. Letzterer gilt als der Hüter der geheimen tantrischen Lehren.

Erkennbar ist er an den Schlangen (Nagas) unter seinen Füßen, die in diesem Fall Wasser und Fruchtbarkeit symbolisieren.

Acala

Acala ist ein Vidyaraja, ein König des erlösenden Wissens. In China und Japan betrachtet man ihn als den Anwalt der Toten. Wenn ein Verstorbener Yama gegenübersteht, der das Karma wiegt, dann ist es Acala der auf das günstige Karma hinweist.
"Acala" ist im Hinduismus ein Beiname des Gottes Shiva.

Rahu

Die neun Planeten und ihre zugehörigen Götter bezeichnet man als Navagrahas. *Rahu* ist einer von ihnen, und zugleich ihr Herr.
Seine neun Köpfe symbolisieren die neun Planeten, einschließlich Sonne und Mond. Sein eigenes Gesicht trägt er auf dem Bauch. Mit seinem enormen Mund verschluckt er von Zeit zu Zeit die Sonne oder den Mond und bewirkt dadurch eine Sonnen- oder Mondfinsternis.

Die vier Digpalas

Die Schützer der vier Windrichtungen, die Lokapalas oder Digpalas, sind Krieger, die alten Auffassungen zufolge die Aufgabe hatten, Buddha vor weltlichen Gefahren zu schützen. Später erschienen sie vor allem, um die Welt vor eindringenden Dämonen zu bewahren. Jeder Digpala ist auch Herr über eine Truppe mythischer Wesen.

Dhritarastra

Dhritarastra ist der Hüter des Ostens und Herr über die himmlischen Musikanten, die in der Luft schweben.

Virudhaka

Virudhaka, der Hüter des Südens, ist Herr über die Kumbhandas, büffelgesichtige Zwerge.

In Nepal kennt man auch eine andere Auffassung über die Herren der Himmelsrichtungen, wonach acht Beschützer existieren, die zum Teil Bekannte aus dem Hindu-Pantheon sind.

Es sind: Indra, König der Götter, Osten; Agni, Gott des Feuers, Südosten; Yama, Gott des Todes, Süden; Nairitya, Gott der Furcht, Südwesten; Varuna, Gott des Meeres, Westen; Vayu, Gott des Windes, Nordwesten; Kubera, Gott des Reichtums, Norden und Isana, eine Erscheinungsform von Shiva, Nordosten.

Virupaksa

Virupaksa bewacht die Buddha-Reliquien. Er ist Herr über die heiligen Schlangen (Nagas).

Jambhala

Jambhala wird auch Vaishravana oder Kubera genannt. Er ist Hüter des Nordens, und wird zudem als Gott van Reichtum und Fülle verehrt. Yambhala ist Herr über die Yakshas.

Sarasvati

Die Göttin *Sarasvati* ist vom Hinduismus geradewegs in den buddhistischen Götterhimmel eingezogen, ohne Veränderung des Namens, ohne Veränderung wichtiger äußerer Erscheinungsmerkmale. Sie ist die Göttin der "hörbaren Künste": Musik, Dichtkunst und Rhetorik.

Vasudhara

Vasudhara ist, wie ihr hinduistisches Pendant Lakshmi, die Göttin des Wohlstands. Kein Wunder. also, daß sie so viele Verehrer hat. Sie schenkt alles was man zu einem erfüllten geistigen Leben braucht: Frömmigkeit und Weisheit für ein reiches Geistesleben, die drei Juwelen und Fruchtbarkeit für die Erfüllung weltlicher Wünsche, ein langes Leben und ihre Hilfe für ein sorgenfreies körperliches Dasein. Vasudhara hat sechs Arme und erscheint in Abbildungen mit einem oder drei Köpfen.

Ashtamangaladevi

Ashtamangaladevi, die Glücksgöttin, wird oft von den acht Glückszeichen eingerahmt (Siehe Seite 26). Hier sieht man sie nur mit den goldenen Fischen.

Dhirghayusi

Reisende im Himalayagebiet, besonders an tibetanischer Seite, tun gut daran, die fünf Glücksschwestern nicht zu erzürnen. Wenn diese Bergfeen dem Reisenden wohlgesonnen sind, werden sie ihm auf seiner Unternehmung helfen und ihn schützen; aber wehe dem, der ihnen, aus welchem Grund auch immer, mißfällt. Unwetter, Eiseskälte und Unfälle werden ihn wahrscheinlich ereilen...
Die fünf Glücksschwestern sind nicht nur für die Reisenden zuständig und verantwortlich, es gehört auch zu ihren Aufgaben, meditierende Einsiedler zu beschützen, die in den abgelegenen Berghöhlen wohnen.
Sie unterscheiden sich durch ihre Reittiere, auf denen sie seitlings sitzen.

Sugati reitet auf einem Drachen; *Suganthi* auf einem Hirsch; *Sumukhi* auf einem wilden Esel; *Sumati* auf einem Tiger und die oben abgebildete *Dirghayusi* auf einem Löwen.

Dakinis und Yoginis

Um Erlösung und Einsicht in die geheimen tantrischen Schriften zu erlangen, können auch göttliche Mittlerinnen eingeschaltet werden, denen man einen Zugang zu einem der transzendenten Buddhas nachsagt. Sie können die Weisheit dieses Buddhas auf den Erlösungsuchenden übertragen. Sie erscheinen in einer furchterregenden Gestalt als Dakinis, wenn sie Dämonen ausfindig machen und verjagen. Vor dem Yogin (Tantriker) erscheinen sie in junger, verführerischer Gestalt als Yogini, wenn es darum geht, seine sexuellen Kräfte zu mobilisieren und der Erleuchtung dienlich zu machen.

In welcher Gestalt die Dakini auch erscheint, aus ihrer Pose spricht stets Bewegung, als Ausdruck ihres Unterwegsseins in ihrer Mittlerrolle zwischen Buddha und Yogin und als Symbol der zielgerichteten intensiven Energie, die sie verkörpert.

Die Buddha-Dakini

Als Beispiel für eine Dakini ist hier die sogenannte *Buddha-Dakini* abgebildet, die Botin zum Jina Vairocana, dem Jina der Mitte. Die Partnerinnen der anderen Jinas sind: *Vajra-Dakini* (Akshobhaya), die *Ratna-Dakini* (Ratnasambhava), die *Padma-Dakini* (Amitabha) und die *Vishvavajra-Dakini* (Amogasiddhi). Die *Sarvabuddha-Dakini* hat Zugang zu allen Jinas. Sie unterscheidet sich von den anderen Mittlerinnen durch ihr wildes Haar und den blutgefüllten Schädelnapf. Sie wird auch wohl die rote Dakini genannt.

Menschen

In der Geschichte des Mahayana-Buddhismus und des Tantrayana-Buddhismus kommt einer Reihe von Personen eine wichtige Rolle zu. Es gibt einen reichen Schatz an Erzählungen über Gurus (Lehrer), Arhats (Heilige), Siddhas (tantrische Meister, die paranormale Kräfte -Siddhi-entwickelt haben), und Acaryas (gelehrte Mönche, die den Buddhismus prägten, indem sie Bücher oder Kommentare schrieben, oder einen Orden stifteten); Diese Erzählungen reichen viele Jahrhunderte zurück.

Seit Buddha Gautama wurde viel über die Verbreitung und Entwicklung verschiedener Strömungen innerhalb des Buddhismus publiziert. Diese Büchlein beschränkt sich darauf, die Verbreitung und Entwicklung in Tibet zu beleuchten. Bei der Ausübung der tantrischen Lehre und der Darstellung ihrer Prinzipien kommt dem tibetanischen Lamaismus eine besondere Rolle zu. Einige Gurus, Arhats, Siddhas und Acaryas, deren Namen an diese Lehre gekoppelt ist, haben über die lokale Popularität hinaus einen größeren Bekanntheitsgrad gewonnen.

Die nachfolgende Übersicht entspricht nicht der rituellen Rangordnung auf Seite 4, sondern ist eine für den Laien verständlichere chronologische Reihenfolge.

Srongtsen Gampo

Der Überlieferung nach beginnt die Geschichte des Buddhismus in Tibet mit König *Srongtsen Gampo*, der im 7. Jahrhundert n.Chr. lebte. Er gründete die Stadt Lhasa und heiratete zwei buddhistische Prinzessinnen: die Tochter eines chinesischen Kaisers und die Tochter eines Königs aus Nepal. Diese königlichen Bräute brachten die Lehre Buddhas mit und ließen die ersten kleinen buddhistischen Heiligtümer bauen.

Srongtsen Gampo wird meist auf dem Thron sitzend abgebildet, seine beiden Gemahlinnen knien vor ihm. Auf seiner Krone ruht der Kopf des transzendenten Buddha Amithaba.

Ein gutes Jahrhundert und vier Regentschaften später war nur wenig von der buddhistischen Lehre und von den Heiligtümern, die die beiden Prinzessinnen gestiftet hatten, übriggeblieben. Schuld daran waren vor allem die Priester der ursprünglich in Tibet verbreiteten Bön-Religion.

Diese Situation änderte sich unter König *Thrison Detsen*. Er ließ die verfallenen Tempel wieder aufbauen und lud berühmte buddhistische Meister aus Indien zu sich nach Tibet ein. Während seiner Regierungszeit begann der Siegeszug des Buddhismus.

Padmasambhava

Einer der Männer, die von Trhison Detsen nach Tibet geholt wurden, um den Buddhismus wieder einzuführen, war der indische Siddha *Padmasambhava*. Er hatte sich ausführlich in den Tantra vertieft, und außergewöhnliche, übersinnliche Fähigkeiten entwickelt. Trhisong Detsen bat ihn, die Dämonen der Bön-Religion zu bekämpfen und Padmasambhava gelang dies mit großem Erfolg. Er unterwarf sie der Reihe nach seiner Gewalt und zwang sie, ihre Kräfte in den Dienst des Buddhismus zu stellen (siehe auch Dharmapalas, Seite 50), so berichtet die Überlieferung. Über Pasmasambhava, seine magischen Kräfte und seine 25 Schüler (Lobmas) sind viele Legenden entstanden. Er soll das tibetanische Totenbuch (Bardo Thödol) geschrieben haben.

Padmasambhava ist in verschiedenen Erscheinungsformen dargestellt. Eine Abbildung die häufig zu finden ist, ist das Triptichon, das die drei Lehrrichtungen oder die drei Fahrzeuge (siehe Seite 6) symbolisiert. Im Zentrum sitzt Buddha Gautama, der für den Hinayana-Buddhismus steht. Rechts sitzt Avolokiteshvara als Vertreter des Mahayana, und links sitzt Pasmasambhava (erkennbar am magischen Stab und der Mütze mit hochgeschlagenen Seiten) (Siehe Abbildung Seite 61) als Personifizierung des Tantrayana.

Tilopa, Naropa und Marpa

Tilopa ist der älteste der historisch bekannten buddhistischen Gurus (10. Jh.). Er stammte aus Indien und scheint sich die buddhistische Lehre nicht als Schüler eines Gurus, sondern durch eigene Übungen und Experimente erworben zu haben. Er entwickelte außergewöhnliche paranormale Fähigkeiten (Siddhis), und ist auch als Mahasiddha (großer Siddha) bekannt geworden. Sein bedeutendster Schüler war *Naropa* (10. und 11. Jh.).Dieser war ein inspirierender Redner und ein begabter Interpret mystischer Träume und Visionen. Sein Schüler *Marpa* (11. Jh.) hat die Lehren Naropas schriftlich festgehalten. Er erhielt den Beinamen "der Übersetzer", da er die heiligen buddhistischen Bücher aus Indien und auch die Lehren Naropas ins Tibetanische übertrug.

Tilopa, Naropa und Marpa waren nacheinander die drei ersten Oberhäupter des Kagyu-Ordens, einem der größten des tibetanischen Buddhismus. Die drei anderen Orden sind: Nyingma, Sakya und Geluk.

Milarepa

Der bedeutendste Jünger Marpas ist Mila (11./12. Jh.), der später als *Milarepa* oder Mila-Raspa (Mila im Baumwollkleid) bekannt wurde. Einen Namen erwarb er sich vor allem durch seine streng asketische Lebensweise und seine Gedichte "Die hunderttausend Lieder".
Auf Abbildungen ist Milarepa leicht zu erkennen: er hält die rechte Hand ans Ohr, um die Sphärenmusik und die Stimme der Lehre besser vernehmen zu können.

Der geistige Erbe Milarepas was *Gampopa*, dem es gelang, den Kagyu-Orden zu einer gut organisierten Institution zu machen.

Tsongkapa

Im 14. Jahrhundert stiftete der Reformator *Tsongkapa* in Tibet den neuen Orden der Geluk-Pas (der "Tugendhaften"), der u.a. das Zölibat erneuerte. Dieser Orden ist auch als die Schule der gelben Mützen bekannt. Der Dalai Lama gehört diesem Orden an.

Hindu-Götter

Ganesha

Einige Götter aus dem Hindu-Pantheon haben ihren Platz im Buddhismus gefunden. Indra, Vishnu und Shiva wurden bereits mehrere Male genannt, Sarasvati ist unverändert übernommen (siehe Seite 58), der Vogelmensch Garuda trägt Vishnu, erscheint aber auch auf manchen Darstellungen von Amoghasiddhi und Mahakala.

Eine besondere Stellung hat der Gott mit dem Elephantenkopf, *Ganesha*. Dieser Sohn von Shiva und Parvati ist nicht nur ein echter Hindu-Gott, sondern wird im Buddhismus ebenso verehrt. Den Hinduisten gilt er als Gott der Weisheit. Er beseitigt alle Hindernisse und ist der Schirmherr der Wissenschaft, der Schreibkunst und der Schule.

In einer seiner Erscheinungsformen drückt Mahakala einen deutlich erkennbaren Ganesha zu Boden, und zeigt damit, daß der buddhistische Schutzherr der Weisheit dem hinduistischen überlegen ist. Aber diese Rivalität ist eine Ausnahme. So mancher Eingang eines buddhistischen Tempels im Tal bei Kathmandu (Nepal) wird von Gadesha bewacht, der, unparteiisch wie ein wahrer Gott, die Weisheit schützt, wo immer diese zu finden ist.

Der lachende Buddha

Vergoldet oder aus Speckstein entdeckt man ihn auf westlichen Märkten zwischen Eßstäbchen: den lachenden Mann mit dem kahlen Kopf und dem dicken nackten Bauch, den man den lachenden Buddha nennt. Vergeblich sucht man ihn in diesem Büchlein in der Reihe der historischen und transzendenten Buddhas. Dieser lachende Buddha ist nämlich keine Erscheinungsform einer dieser Buddhas, wie manche zu unrecht denken. Der "lachende Buddha" ist der Beiname des chinesischen Zen-Meisters Pu-Tai Ho-Shang, der irgendwann zwischen dem 6. und 10. Jahrhundert lebte, und "den Buddha in sich selbst" fand.

Sorglos und vollkommen glücklich streifte er, oft von Kindern umringt, durch China. Nach seinem Tod wurde er als Volksheld und Glücksgott verehrt. In dieser Funktion zieht er noch stets um die halbe Welt, als tastbares Zeichen der unbesorgten Glückseligkeit, die jeder erfährt, der seine wahre Art, den "Buddha in sich selbst" gefunden hat.

Determinationshilfe

Die Fülle der Wesen und ihrer Erscheinungsformen macht es oft schwierig, bei einer Statue oder Abbildung zu bestimmen, mit wem man es hier zu tun hat. Eine globale Hilfe bietet die untenstehende Determinationsliste, die die wichtigsten Kategorien zu bestimmten Gestalten enthält.

BUDDHAS

Lotossitz (außer bei Maitreya und in einigen Szenen aus dem Leben von Siddharta); kurzes, krauses Haar; bei den transzendenten Buddhas oft mit fünfzackiger Krone.
Schädelwulst mit einem Juwel; lange Ohrläppchen; Stirnmal.
Die historischen und transzendenten Buddhas tragen oft eine Mönchskutte. Die transzendenten Buddhas findet man auch mit einem königlicheren Gewand.

Gautama	Bhumisparsamudra, oft in der anderen Hand einen Almosentopf; manchmal auch Dharmachakramudra. Oft abgebildet auf einem "Löwenthron".
Dipankara	Hände vor der Brust, die rechte in Vitarkamudra
Maitreya	"europäischer" Sitz auf Thron oder stehend
Vairocana	Weiß. Sonne oder Rad der Lehre im Schoß. Manchmal 4 Gesichter.
Akshobya	Blau. Rechte Hand in Bhuisparsamudra. Im Schoß einen Vajra.
Ratnasambhava	Gelb. Rechte Hand in Varadamudra. Im Schoß Cintamani
Amitabha	Rot. Hände in Dhyanamudra. Mit Almosentopf: Herr des Zwischenparadieses Sukhatvati.
Amoghasiddhi	Grün. Rechte Hand in Abhayamudra, manchmal Vishvavajra im Schoß.
Amitayus	Dunkelrot. Außerdem durch den Nektarkrug von Amitabha zu unterscheiden.
Vajradhara	Krone, Hände in Vajrahumkaramudra.
Samantabadhra	Vollkommen nackt, keine Attribute, in Yab-Yum
Vajrasattva	Krone, Vajra vor der Brust, Ghanta im Schoß

BODHISATTVAS

Drittes Auge oder Stirnzeichen; friedlicher Gesichtsausdruck; ruhiger Sitz- oder Standpose; zwei Beine. Meist ein Kopf, in einigen Fällen variierend von 3 bis 11 Köpfen. Die Anzahl der Arme reicht von 2 bis 1000.

Avalokiteshvara, Gazellenhaut über der Schulter

Padmapani	Liebliches Aussehen, viel Schmuck. Steht meist in Tribangha, manchmal sitzend. Die rechte Hand in Varadamudra, in der Linken eine Lotosblume.

Lokeshvaras

Simhanada	Sitzt auf einem Löwen, hat Trishula mit Schlange.
Sadaksaria	Lotoshaltung; Amitabha sitzt auf seinem Kopf, oder noch höher. Vier Arme. Attribute: Gebetsschnur, Lotos, Cintamani.
Amoghapasha	Stehend. Acht Arme; eine rechte Hand in Vitarkamudra und eine in Varadamudra. Attribute: Gebetsschnur, Fangseil, Buch, Dreizahn, Lotos, Vase.
Ekadasha-maharunika	Stehend. Elf Köpfe, acht Arme, eine rechte Hand in Varadamudra. Attribute: Gebetsschnur, Rad, Lotos, Pfeil und Bogen, Kännchen, Cintamani.
Sahasrabhuja	(nicht abgebildet). Als Ekadasha-Maharunika, aber mit einer Aureole von tausend Armen. Mal sind es wirklich tausend, mal auch weniger.

Manjushri, immer mit Flammenschwert und Buch

Arapacana	Manjushri in seiner gebräuchlichen Gestalt mit zwei Armen.
Caturbhuja	(nicht abgebildet). Vier Arme. Zusätzlich: Pfeil und Bogen.
Namasangiti	(nicht abgebildet). Zwölf Arme. Attribute wie Caturbhuja, und folgende Mudras: Dharmachakra, Ksepana und Uttarabodhi.

Tara, Frau in allen möglichen Farben

Weiße Tara	Augen in Handflächen und Fußsohlen; meist mit weißer, offener Lotosblume.
Grüne Tara	Grün, mit blauer, halbgeschlossener Lotosblume, manchmal zwei Lotosblumen.

GÖTTER U. Ä.

Yidams	Stirnauge; grimmiger Gesichtsausdruck. Oft mit mehreren Gesichtern und in Yab-Yum.
Dharmapalas	Stirnauge; Flammenaureole, fünfzackige Krone (meist Schädel); wallendes, rotes Haar; dämonisches Antlitz (meist Tierkopf); Beinstand Alida oder Pratyalida. Ausnahmen sind Kubera und Sitabrahman. Andere Krodhagötter haben ähnliche Kennzeichen.
Dakinis	Stirnauge, "hexenähnliches", grimmiges Gesicht. Oft im Bogenstellung (Chapastana); die rechte Hand oft in Karanamudra gehoben und die linke Hand mit seitlich vorstehendem Ellbogen vor der Brust.
Yoginis	Schöne, junge Frauen. Oft Flammenaureole. Manchmal Bogenstellung.

Hackmesser findet man bei Dakinis und auch Yoginis.

VERSCHIEDENE

Oberhaupt eines Ordens	Erkennbar am Almosentopf im Schoß.
Historische Figuren	Schauen oft zur Seite. Neben unbedeckten Köpfen mit unterschiedlichem, als menschlich erkennbarem Haarwuchs, gibt es verschiedene Kopfbedeckungen, u.a. die Mitra (Zipfelmütze) mit herunterhängenden oder hochgeschlagenen Seitenstücken.

Alphabetisches Register

Literaturverzeichnis

Short description of Gods, Goddeses and Ritual Objects of Buddhism and Hinduism in Nepal
Published by H.A.N.-Kathmandu Nepal

The ART of NEPAL – Lydia Aran
Sahayogi Prakashan, Tripureshwar, Kathmandu, Nepal

Buddhistische Bilderwelt, Ein ikonographisches Handbuch des Mahayana- und Tantrayana-Buddhismus – Hans Wolfgang Schumann
Eugen Diedrichs Verlag, Köln

Tantra, yoga en meditatie, De Tibetaanse weg naar verlichting – Erik Bruijn
Uitg, Ankh-Hermes b.v., Deventer 1980

Tibetan Thangka Painting, methods & materials – David & Janice Jackson
Snow Lion Publications, Ithaca, New York USA

The Tibet Guide – Stephen Batchelor
Wisdom Publications, London 1987

Godenbeelden uit Tibet – Hugo Kreijger
SDU Uitgeverij, Openbaar Kunstbezit, Amsterdam 1989

Kunst aus dem Himalaya "Stutzen des Inneren", Katalog zur gleichnamigen Ausstellung – Dr. Andrea Loseries-Leick

Hinduism – Shakunthala Jagannathan
Vakils, Feffer & Simons, Bombay, India 1984

The Hindu Pantheon – Edwar Moor, F.R.S.
J. Johnson, London 1810; Asian Educational Services, New Delhi 1981

PRANA nr. 56 sommer 1989: *De Goeroe in het Tibetaans Tantrisme – Erik Bruijn*
Meester Poe-Tai, de gelukkige zwerver – Erik Bruijn
Uitg, Ankh-Hermes b.v., Deventer 1980

Mit Dank an Erik de Bruijn, der Xylografien aus eigener Kollektion zur Verfügung stellte.

Inhalt

Von der gleichen Autorin erschien:

Klangschalen, Wirkung und Verwendung

Eva Rudy Jansen

Mit dem Strom tibetanischer Flüchtlinge, die seit dem chinesischen Einfall ihr Land verlassen haben, ist auch ein bescheidener Strom bisher unbekannter Phänomene bis zu uns vorgedrungen.
Die Himalayaklangschalen, auch wohl tibetanische oder nepalesische Klangschalen genannt, sind ein solches Phänomen. Stets mehr Europäer werden vom singenden Klang dieser Metallschüsseln fasziniert. Wer sich Klangmassagen unterzieht oder selbst experimentiert, beginnt allerlei Möglichkeiten und Aspekte dieses besonderen Klangs zu entdecken. Doch bleiben die Schalen an sich ein Rätsel. Über ihre Herkunft und ursprüngliche Funktion kursieren allerlei Geschichten, fragt man die Himalayabewohner selbst, dann werden sie meist lächelnd schweigen.
Dieses Büchlein beansprucht denn auch nicht, eine absolute Antwort auf alle Fragen zu geben. Es ist ein aufrichtiger Versuch, einige Hintergründe des Geheimnisses etwas zu verdeutlichen und hofft, den Leser soweit zu inspirieren, daß er die Erscheinung selbst untersucht. Es enthält praktische Hinweise, wie man eine Schale bespielt und benutzt und wie man sich eine Schale aussucht.

Bei der Zusammenstellung dieses bescheidenen Wegweisers "Klangschalen" durfte die Autorin das Wissen und die Erfahrung einiger Personen in Holland und Belgien nutzen, die sich schon in die Wirkung von Klang und die Arbeit mit Klangschalen vertieften, bevor das Phänomen eine größere Bekanntheit erlangte. Allein schon deswegen ist dieses Büchlein in all seiner Beschränkung eine einzigartige Bündelung von bisher nur fragmentarischer und verstreuter Information.

Verlag Binkey Kok, Diever